σχολείο - l'école 2
ταξίδι - le voyage 5
μεταφορά - le transport 8
πόλη - la ville 10
τοπίο - le paysage 14
εστιατόριο - le restaurant 17
σούπερ μάρκετ - le supermarché 20
ποτά - les boissons 22
φαγητό - l'alimentation 23
αγρόκτημα - la ferme 27
σπίτι - la maison 31
σαλόνι - le salon 33
κουζίνα - la cuisine 35
μπάνιο - la salle de bain 38
παιδικό δωμάτιο - la chambre d'enfant 42
ρούχα - les vêtements 44
γραφείο - le bureau 49
οικονομία - l'économie 51
επαγγέλματα - les professions 53
εργαλεία - les outils 56
μουσικά όργανα - les instruments de musique 57
ζωολογικός κήπος - le zoo 59
αθλήματα - les sports 62
δραστηριότητες - les activités 63
οικογένεια - la famille 67
σώμα - le corps 68
νοσοκομείο - l'hôpital 72
έκτακτη ανάγκη - l'urgence 76
Γη - la terre 77
ρολόι - ...heure(s) 79
εβδομάδα - la semaine 80
έτος - l'année 81
σχήματα - les formes 83
χρώματα - les couleurs 84
αντίθετα - les oppositions 85
αριθμοί - les nombres 88
γλώσσες - les langues 90
ποιος / τι / πως - qui / quoi / comment 91
που - où 92

Impressum
Verlag: BABADADA GmbH, Nedderfeld 112 , 22529 Hamburg
Geschäftsführer / Verlagsleitung: Harald Hof
Druck: Books on Demand GmbH, In de Tarpen 42, 22848 Norderstedt

Imprint
Publisher: BABADADA GmbH, Nedderfeld 112 , 22529 Hamburg, Germany
Managing Director / Publishing direction: Harald Hof
Print: Books on Demand GmbH, In de Tarpen 42, 22848 Norderstedt

σχολείο
l'école

σχολική τάξη
la salle de classe

διαιρώ
diviser

186/2

πίνακας
le tableau noir

σχολική αυλή
la cour (de récréation)

δάσκαλος
le professeur

χαρτί
le papier

γράφω
écrire

στυλό
le stylo

γραφείο
le bureau

χάρακας
la règle

βιβλίο
le livre

μαθητής
l'élève

σχολική τσάντα

le cartable

κασετίνα/ μολυβοθήκη

la trousse

μολύβι

le crayon

ξύστρα

le taille-crayon

γόμα

la gomme

μπλοκ ζωγραφικής

le carnet à dessin

ζωγραφική

le dessin

πινέλο

le pinceau

κουτί χρωμάτων

la boîte de peinture

ψαλίδι

les ciseaux

κόλλα

la colle

τετράδιο ασκήσεων

le cahier d'exercices

εργασία για το σπίτι

les devoirs

αριθμός

le chiffre

προσθέτω

additionner

αφαιρώ

soustraire

πολλαπλασιάζω

multiplier

υπολογίζω

calculer

γράμμα

la lettre

αλφάβητο

l'alphabet

λέξη

le mot

κείμενο

le texte

διαβάζω

lire

κιμωλία

la craie

μάθημα

la leçon

εγγράφομαι

le livre de classe

τεστ

l'examen

πιστοποιητικό

le certificat

μαθητική στολή

l'uniforme scolaire

εκπαίδευση

la formation

εγκυκλοπαίδεια

le lexique

πανεπιστήμιο

l'université

μικροσκόπιο

le microscope

χάρτης

la carte

καλάθι αχρήστων

la corbeille à papier

ξενοδοχείο
l'hôtel

ξενώνας
l'auberge

ανταλλακτήρια συναλλάγματος
le bureau de change

βαλίτσα
la valise

αυτοκίνητο
la voiture

γλώσσα

la langue

ναι / όχι

oui / non

εντάξει

d'accord

γεια σου

Salut

μεταφραστής

l'interprète

Ευχαριστώ

merci

πόσο κάνει ;

Combien coûte...?

Δε καταλαβαίνω

Je ne comprends pas

πρόβλημα

le problème

Καλησπέρα!

Bonsoir !

Καλημέρα!

Bonjour !

Καληνύχτα!

Bonne nuit !

Αντίο

Au revoir

κατεύθυνση

la direction

αποσκευές

les bagages

τσάντα

le sac

σακίδιο πλάτης

le sac-à-dos

καλεσμένος

l'hôte

δωμάτιο

la pièce

υπνόσακος

le sac de couchage

σκηνή

la tente

τουριστικές πληροφορίες

l'office de tourisme

παραλία

la plage

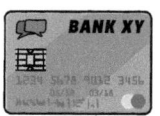

πιστωτική κάρτα

la carte de crédit

πρωινό

le petit-déjeuner

μεσημεριανό

le déjeuner

δείπνο

le dîner

εισιτήριο

le billet

ανελκυστήρας

l'ascenseur

γραμματόσημο

le timbre

σύνορα

la frontière

τελωνείο

la douane

πρεσβεία

l'ambassade

βίζα

le visa

διαβατήριο

le passeport

αεροπλάνο
l'avion

πλοίο
le navire

πυροσβεστικό όχημα
le véhicule de pompiers

λεωφορείο
le bus

φορτηγό
le camion

χανοκίνητο σκάφος
bateau à moteur

ποδήλατο
la bicyclette

αυτοκίνητο
la voiture

φεριμπότ
le ferry

βάρκα
la barque

μοτοσικλέτα
la moto

περιπολικό
la voiture de police

αγωνιστικό αυτοκίνητο
la voiture de course

ενοικιαζόμενο αυτοκίνητο
la voiture de location

διαμοιρασμός αυτοκινήτων

l'auto-partage

γερανός

la voiture de remorquage

απορριμματοφόρο

la benne à ordures

κινητήρας

le moteur

καύσιμο

l'essence

βενζινάδικο

la station d'essence

πινακίδα σήμανσης

le panneau indicateur

κυκλοφορία

le trafic

κυκλοφοριακή συμφόρηση

l'embouteillage

χώρος στάθμευσης

le parking

σιδηροδρομικός σταθμός

la gare

σιδηροδρομικές γραμμές

les rails

τρένο

le train

τραμ

le tramway

βαγόνι

le wagon

ελικόπτερο

l'hélicoptère

αεροδρόμιο

l'aéroport

πύργος

la tour

επιβάτης

le passager

εμπορευματοκιβώτιο

le conteneur

χαρτοκιβώτιο

le carton

καρότσι

le chariot

καλάθι

la corbeille

απογειώνομαι /
προσγειόνομαι

décoller / atterrir

πόλη

la ville

χωριό

le village

κέντρο της πόλης

le centre-ville

σπίτι

la maison

σινεμά
le cinéma

διαφήμιση
la publicité

λάμπα δρόμου
le réverbère

οδός
la rue

ταξί
le taxi

ψιλικατζίδικο
le kiosque

πεζός
le piéton

πεζοδρόμιο
le trottoir

διάβαση πεζών
le passage piéton

κάδος απορριμμάτων
la poubelle

διασταύρωση
le carrefour

φανάρια
les feux de circulation

καλύβα
la cabane

διαμέρισμα
l'appartement

σιδηροδρομικός σταθμός
la gare

δημαρχείο
la mairie

μουσείο
le musée

σχολείο
l'école

πανεπιστήμιο
l'université

τράπεζα
la banque

νοσοκομείο
l'hôpital

ξενοδοχείο
l'hôtel

φαρμακείο
la pharmacie

γραφείο
le bureau

βιβλιοπωλείο
la librairie

κατάστημα
le magasin

ανθοπωλείο
le fleuriste

σούπερ μάρκετ
le supermarché

αγορά
le marché

πολυκατάστημα
le grand magasin

ιχθυοπωλείο
la poissonnerie

εμπορικό κέντρο
le centre commercial

λιμάνι
le port

πάρκο
le parc

παγκάκι
la banque

γέφυρα
le pont

σκάλες
les escaliers

μετρό
le métro

τούνελ
le tunnel

στάση λεωφορείου
l'arrêt de bus

μπαρ
le bar

εστιατόριο
le restaurant

γραμματοκιβώτιο
la boîte à lettres

πινακίδα δρόμου
le panneau indicateur

παρκόμετρο
le parcmètre

ζωολογικός κήπος
le zoo

πισίνα
le réverbère

τζαμί
la mosquée

αγρόκτημα

la ferme

ρύπανση

la pollution

νεκροταφείο

la cimetière

εκκλησία

l'église

παιδική χαρά

l'aire de jeux

ναός

le temple

τοπίο

le paysage

φύλλο
la feuille

πινακίδα κατεύθυνσης
le panneau indicateur

δρόμος
le chemin

λιβάδι
le pré

πέτρα
la pierre

δέντρο
l'arbre

πεζοπόρος
le randonneur

ποτάμι
la rivière

χορτάρι
l'herbe

λουλούδι
la fleur

κοιλάδα

la vallée

λόφος

la montagne

λίμνη

le lac

δάσος

la forêt

έρημος

le désert

ηφαίστειο

le volcan

κάστρο

le château

ουράνιο τόξο

l'arc-en-ciel

μανιτάρι

le champignon

φοίνικας

le palmier

κουνούπι

le moustique

μύγα

la mouche

μυρμήγκι

les fourmis

μέλισσα

l'abeille

αράχνη

l'araignée

σκαθάρι

le coléoptère

βάτραχος

la grenouille

σκίουρος

l'écureuil

σκαντζόχοιρος

le hérisson

λαγός

le lièvre

κουκουβάγια

la chouette

πουλί

l'oiseau

κύκνος

le cygne

αγριογούρουνο

le sanglier

ελάφι

le cerf

άλκη

l'élan

φράγμα

le barrage

ανεμογεννήτρια

l'éolienne

ηλιακός συλλέκτης

le panneau solaire

κλίμα

le climat

σερβιτόρος
le serveur

κατάλογος
le menu

καρέκλα
la chaise

σούπα
la soupe

πίτσα
la pizza

μαχαιροπίρουνα
les couverts

τραπεζομάντιλο
la nappe

ορεκτικό
les hors d'œuvre

κύριο πιάτο
le plat principal

επιδόρπιο
le dessert

ποτά
les boissons

φαγητό
l'alimentation

μπουκάλι
la bouteille

φαστ φουντ

le fast-food

φαγητό στ' όρθιο

les plats à emporter

τσαγιέρα

la théière

δοχείο ζάχαρης

le sucrier

μερίδα

la portion

μηχανή εσπρέσο

la machine à expresso

ψηλή καρέκλα

la chaise haute

λογαριασμός

la facture

δίσκος

le plateau

μαχαίρι

le couteau

πιρούνι

la fourchette

κουτάλι

la cuillère

κουταλάκι του τσαγιού

la cuillère à thé

πετσέτα φαγητού

la serviette

ποτήρι

le verre

πιάτο
l'assiette

πιάτο σούπας
l'assiette à soupe

πιατάκι φλιτζανιού
la soucoupe

σάλτσα
la sauce

αλατιέρα
la salière

μύλος για πιπέρι
le moulin à poivre

ξύδι
le vinaigre

λάδι
l'huile

μπαχαρικά
les épices

κέτσαπ
le ketchup

μουστάρδα
la moutarde

μαγιονέζα
la mayonnaise

προσφορά
l'offre promotionnelle

πελάτης
le client

γαλακτοκομικά προϊόντα
les produits laitiers

φρούτα
les fruits

καρότσι για ψώνια
le chariot

κρεοπωλείο

la boucherie

φούρνος

la boulangerie

ζυγίζω

peser

λαχανικά

les légumes

κρέας

la viande

κατεψυγμένα τρόφιμα

les aliments surgelés

αλλαντικά

la charcuterie

κονσερβοποιημένη τροφή

les conserves

απορρυπαντικό ρούχων

la poudre à lessive

γλυκά

les bonbons

οικιακά είδη

les articles ménagers

καθαριστικά προϊόντα

les détergents

πωλήτρια

la vendeuse

ταμείο

la caisse

ταμίας

le caissier

λίστα για ψώνια

la liste d'achats

ωράριο λειτουργίας

les heures d'ouverture

πορτοφόλι

le portefeuille

πιστωτική κάρτα

la carte de crédit

τσάντα

le sac

πλαστική σακούλα

le sac en plastique

νερό

l'eau

χυμός

le jus de fruit

γάλα

le lait

κόκα κόλα

le coca

κρασί

le vin

μπίρα

la bière

αλκοόλ

l'alcool

κακάο

le chocolat chaud

τσάι

le thé

καφές

le café

εσπρέσο

l'expresso

καπουτσίνο

le cappuccino

μπανάνα

la banane

μήλο

la pomme

πορτοκάλι

l'orange

πεπόνι

le melon

λεμόνι

le citron.

καρότο

la carotte

σκόρδο

l'ail

μπαμπού

le bambou

κρεμμύδι

l'oignon

μανιτάρι

le champignon

ξηροί καρποί

les noisettes

νουντλς

les pâtes

μακαρόνια

les spaghetti

ρύζι

le riz

σαλάτα

la salade

πατατάκια

les pommes frites

τηγανητές πατάτες

les pommes de terre rôties

πίτσα

la pizza

χάμπουργκερ

le hamburger

σάντουιτς

le sandwich

κοτολέτα

l'escalope

ζαμπόν

le jambon

σαλάμι

le salami

λουκάνικο

la saucisse

κοτόπουλο

le poulet

ψητό

le rôti

ψάρι

le poisson

χυλός βρώμης

les flocons d'avoine

μούσλι

le muesli

κορν φλέικς

les cornflakes

αλεύρι

la farine

κρουασάν

le croissant

ψωμάκι

les petits-pains

ψωμί

le pain

τοστ

le pain grillé

μπισκότα

les biscuits

βούτυρο

le beurre

τυρόπηγμα

le fromage blanc

κέικ

le gâteau

αυγό

l'œuf

τηγανητό αυγό

l'œuf au plat

τυρί

le fromage

παγωτό

la glace

ζάχαρη

le sucre

μέλι

le miel

μαρμελάδα

la confiture

άλλειμμα σοκολάτας

la crème nougat

κάρυ

le curry

αγρόσπιτο
la ferme

αχυρώνας
la grange

δεμάτι άχυρου
la botte de paille

χωράφι
le champ

αλόγο
le cheval

ρυμουλκούμενο
la remorque

πουλάρι
le poulain

τρακτέρ
le tracteur

γάιδαρος
l'âne

αρνί
l'agneau

πρόβατο
le mouton

κατσίκα

la chèvre

αγελάδα

la vache

μοσχαράκι

le veau

γουρούνι

le porc

γουρουνάκι

le porcelet

ταύρος

le taureau

χήνα

l'oie

πάπια

le canard

κοτοπουλάκι

le poussin

κότα

la poule

κόκορας

le coq

αρουραίος

le rat

γάτα

le chat

ποντίκι

la souris

βόδι

le bœuf

σκύλος

le chien

σπιτάκι σκύλου

le chenil

λάστιχο κήπου

le tuyau de jardin

ποτιστήρι

l'arrosoir

θεριστήρι

la faucheuse

αλέτρι

la charrue

δρεπάνι

la faucille

τσάπα

la pioche

δίκρανο

la fourche

τσεκούρι

la hache

χειράμαξα

la brouette

ταΐστρα

la cuve

δοχείο γάλακτος

le pot à lait

σάκος

le sac

φράχτης

la clôture

στάβλος

l'étable

θερμοκήπιο

le serre

έδαφος

le sol

σπόρος

les semences

λίπασμα

l'engrais

θεριζοαλωνιστική μηχανή

la moissonneuse-batteuse

θερίζω

récolter

συγκομιδή

la récolte

γιαμς

l'igname

σιτάρι

le blé

σόγια

le soja

πατάτα

la pomme de terre

καλαμπόκι

le maïs

κράμβη

le colza

οπωροφόρο δέντρο

l'arbre fruitier

μανιόκα

le manioc

δημητριακά

les céréales

καμινάδα
la cheminée

στέγη
le toit

υδρορροή
la gouttière

παράθυρο
la fenêtre

γκαράζ
le garage

κουδούνι
la sonnette

πόρτα
la porte

σκουπιδοτενεκές
la poubelle

γραμματοκιβώτιο
la boîte aux lettres

κήπος
le jardin

σαλόνι
le salon

μπάνιο
la salle de bain

κουζίνα
la cuisine

υπνοδωμάτιο
la chambre à coucher

παιδικό δωμάτιο
la chambre d'enfant

τραπεζαρία
la salle à manger

πάτωμα

le sol

τοίχος

le mur

οροφή

le plafond

κελάρι

la cave

σάουνα

le sauna

μπαλκόνι

le balcon

βεράντα

la terrasse

πισίνα

la piscine

μηχανή του γκαζόν

la tondeuse à gazon

σεντόνι

la housse

κάλυμμα κρεβατιού

la couette

κρεβάτι

le lit

σκούπα

le balai

κουβάς

le sceau

διακόπτης

l'interrupteur

ταπετσαρία
le papier peint

φωτογραφία
l'image

λάμπα
la lampe

ράφι
l'étagère

ντουλάπι
l'armoire

τζάκι
la cheminée

τηλεόραση
la télé

λουλούδι
la fleur

μαξιλάρι
le coussin

καναπές
le sofa

βάζο
le vase

τηλεκοντρόλ
la télécommande

χαλί
le tapis

κουρτίνα
le rideau

τραπέζι
la table

καρέκλα
la chaise

κουνιστή πολυθρόνα
la chaise à bascule

πολυθρόνα
le fauteuil

βιβλίο

le livre

κουβέρτα

la couverture

διακόσμηση

la décoration

καυσόξυλα

le bois de chauffage

ταινία

le film

στερεοφωνικό σύστημα

la chaîne hi-fi

κλειδί

la clé

εφημερίδα

le journal

πίνακας ζωγραφικής

la peinture

αφίσα

le poster

ραδιόφωνο

la radio

σημειωματάριο

le bloc-notes

ηλεκτρική σκούπα

l'aspirateur

κάκτος

le cactus

κερί

la bougie

ψυγείο
le réfrigérateur

φούρνος μικροκυμάτων
le four à micro-ondes

ζυγαριά κουζίνας
la balance de cuisine

τοστιέρα
le grille-pain

απορρυπαντικό
le détergent

φούρνος
le four

κατάψυξη
le compartiment congélateur

σκουπιδοτενεκές
la poubelle

πλυντήριο πιάτων
le lave-vaisselle

κουζίνα
le four

κατσαρόλα
la casserole

μαντεμένια κατσαρόλα
la marmite

γουόκ/καντάι
le wok / kadai

τηγάνι
la poêle

βραστήρας
la bouilloire electrique

ατμομάγειρας

le cuiseur vapeur

ταψί

la plaque de cuisson

πιατικά

la vaisselle

κούπα

le gobelet

μπολ

la coupe

ξυλάκια

les baguettes

κουτάλα

la louche

σπάτουλα

la spatule

ανακατεύω

le fouet

σουρωτήρι

la passoire

σουρωτηράκι

le tamis

τρίφτης

la râpe

γουδί

le mortier

ψησταριά

le barbecue

ανοιχτή φωτιά

la cheminée

σανίδα κοπής

la planche à découper

πλάστης

le rouleau à pâtisserie

ανοιχτήρι φελλών

le tire-bouchon

κονσέρβα

la boîte

ανοιχτήρι κονσέρβας

l'ouvre-boîte

γάντι φούρνου

les maniques

νεροχύτης

le lavabo

βούρτσα

la brosse

σφουγγάρι

l'éponge

μπλέντερ

le mixeur

καταψύκτης

le congélateur

μπιμπερό

le biberon

βρύση

le robinet

μπάνιο

la salle de bain

θέρμανση
le chauffage

ντους
la douche

πετσέτα
la serviette

κουρτίνα ντουζ
le rideau de douche

αφρόλουτρο
le bain moussant

μπανιέρα
la baignoire

ποτήρι
le verre

πλυντήριο ρούχων
la machine à laver

πλακάκια
le carrelage

βρύση
le robinet

γιογιό
le pot

νεροχύτης
le lavabo

τουαλέτα

les toilettes

τούρκικη τουαλέτα

la toilette à la turque

μπιντές

le bidet

ουρητήριο

l'urinoir

χαρτί υγείας

le papier toilette

πιγκάλ

la brosse à toilette

οδοντόβουρτσα

la brosse à dents

οδοντόκρεμα

le dentifrice

οδοντικό νήμα

le fil dentaire

πλένω

laver

τηλέφωνο ντους

la douche manuelle

ντουσιέρα

la douche intime

λεκάνη

la vasque

βούρτσα πλάτης

la brosse dorsale

σαπούνι

le savon

αφρόλουτρο

le gel douche

σαμπουάν

le shampooing

φανέλα

le gant de toilette

σιφόνι

l'écoulement

κρέμα

la crème

αποσμητικό

le déodorant

καθρέφτης

le miroir

καθρέφτης χειρός

le miroir cosmétique

ξυραφάκι

le rasoir

αφρός ξυρίσματος

la mousse à raser

αφτερσέιβ

l'après-rasage

χτένα

la peigne

βούρτσα

la brosse

σεσουάρ

le sèche-cheveux

λακ

la laque pour cheveux

μακιγιάζ

le fond de teint

κραγιόν

le rouge à lèvres

βερνίκι νυχιών

le vernis à ongles

βαμβάκι

l'ouate

ψαλίδι νυχιών

le coupe-ongles

άρωμα

le parfum

νεσεσέρ

la trousse de toilette

σκαμπό

le tabouret

ζυγαριά

le pèse-personne

μπουρνούζι

le peignoir

ελαστικά γάντια

les gants de nettoyage

ταμπόν

le tampon

πετσέτα υγιεινής

les serviettes hygiéniques

χημική τουαλέτα

la toilette chimique

μπάνιο - la salle de bain

la chambre d'enfant

ξυπνητήρι
le réveil

λούτρινο ζωάκι
le doudou

αυτοκινητάκι
la voiture jouet

κουδουνίστρα
le hochet

κουκλόσπιτο
la maison de poupée

δώρο
le cadeau

μπαλόνι

le ballon

κρεβάτι

le lit

καροτσάκι

la poussette

τράπουλα

le jeu de cartes

παζλ

le puzzle

κόμικς

la bande dessinée

τουβλάκια lego

les pièces lego

τουβλάκια κατασκευών

les blocs de construction

φιγούρα δράσης

la figurine

βρεφικό φορμάκι

la grenouillère

φρίσμπι

le frisbee

μόμπιλο

le mobile

επιτραπέζιο παιχνίδι

le jeu de société

ζάρια

le dé

σετ τρενάκι

le train miniature

πιπίλα

la sucette

πάρτι

la fête

εικονογραφημένο βιβλίο

le livre d'images

μπάλα

la balle

κούκλα

la poupée

παίζω

jouer

σκάμμα με άμμο

le bac à sable

κούνια

la balançoire

παιχνίδια

les jouets

κονσόλα βιντεοπαιχνιδιών

la console de jeu

τρίκυκλο

le tricycle

αρκουδάκι

l'ours en peluche

ντουλάπα

l'armoire

ρούχα
les vêtements

κάλτσες

les chaussettes

καλτσοδέτες

les bas

καλσόν

le collant

κασκόλ
l'écharpe

ζώνη
la ceinture

ομπρέλα
le parapluie

μπλουζάκι
le t-shirt

αθλητικά παπούτσια
les baskets

μπότες
les bottes

παντόφλες
les pantoufles

σανδάλια
les sandales

παπούτσια
les chaussures

γαλότσες
les bottes de caoutchouc

εσώρουχο
les sous-vêtements

σουτιέν
le soutien-gorge

φανέλα
le maillot de corps

σώμα

le body

παντελόνι

le pantalon

τζιν παντελόνι

le jean

φούστα

la jupe

μπλούζα

le chemisier

πουκάμισο

la chemise

πουλόβερ

le pull

πουλόβερ

le sweat à capuche

σακάκι

la veste

μπουφάν

la veste

παλτό

le manteau

αδιάβροχο πανωφόρι

l'imperméable

κοστούμι

le costume

φόρεμα

la robe

νυφικό

la robe de mariée

κοστούμι

le costume

νυχτικό

la chemise de nuit

πιτζάμες

le pyjama

σάρι

le sari

μαντήλι

le foulard

τουρμπάνι

le turban

μπούρκα

la burqa

καφτάνι

le caftan

μουσουλμανικό ένδυμα

l'abaya

ολόσωμο μαγιό

le maillot de bain

ανδρικό μαγιό

le maillot de bain

σορτς

le short

αθλητική φόρμα

la tenue d'entraînement

ποδιά

le tablier

γάντια

les gants

κουμπί

le bouton

γυαλιά

les lunettes

βραχιόλι

le bracelet

περιδέραιο

le collier

δαχτυλίδι

la bague

σκουλαρίκι

la boucle d'oreille

καπέλο

le bonnet

κρεμάστρα

le cintre

καπέλο

le chapeau

γραβάτα

la cravate

φερμουάρ

la fermeture éclair

κράνος

le casque

τιράντες

les bretelles

μαθητική στολή

l'uniforme scolaire

στολή

l'uniforme

σαλιάρα

le bavoir

πιπίλα

la sucette

πάνα

la lange

γραφείο
le bureau

σέρβερ
le serveur

αρχειοθήκη
l'armoire d'archivage

εκτυπωτής
l'imprimante

οθόνη
l'écran

χαρτί
le papier

γραφείο
le bureau

ποντίκι
la souris

ντοσιέ
le classeur

πληκτρολόγιο
le clavier

καλάθι αχρήστων
la corbeille à papier

υπολογιστής
l'ordinateur

καρέκλα
la chaise

κούπα του καφέ

la tasse de café

κομπιουτεράκι

la calculatrice

ίντερνετ

l'internet

λάπτοπ

l'ordinateur portable

γράμμα

la lettre

μήνυμα

le message

κινητό

le portable

δίκτυο

le réseau

φωτοτυπικό μηχάνημα

la photocopieuse

λογισμικό

le logiciel

τηλέφωνο

le téléphone

πρίζα

la prise

συσκευή φαξ

le fax

έντυπο

le formulaire

έγγραφο

le document

αγοράζω

acheter

πληρώνω

payer

συναλλάσσομαι

faire du commerce

χρήματα

la monnaie

δολάριο

le dollar

ευρώ

l'euro

γιεν

le yen

ρούβλι

le rouble

ελβετικό φράγκο

le franc suisse

ρενμίνμπι γιουάν

le renminbi yuan

ρουπία

la roupie

ATM (αυτόματη ταμειακή μηχανή)

le distributeur automatique

ανταλλακτήρια
συναλλάγματος

le bureau de change

χρυσός

l'or

ασήμι

l'argent

πετρέλαιο

le pétrole

ενέργεια

l'énergie

τιμή

le prix

συμβόλαιο

le contrat

φόρος

la taxe

μετοχή

l'action

δουλεύω

travailler

υπάλληλος

l'employé

εργοδότης

l'employeur

εργοστάσιο

l'usine

κατάστημα

le magasin

αστυνόμος
l'agent de police

πυροσβέστης
le pompier

μάγειρας
le cuisinier

γιατρός
le médecin

πιλότος
le pilote

κηπουρός

le jardinier

ξυλουργός

le menuisier

μοδίστρα

la couturière

δικαστής

le juge

χημικός

le chimiste

ηθοποιός

l'acteur

οδηγός λεωφορείου

le conducteur de bus

ταξιτζής

le chauffeur de taxi

ψαράς

le pêcheur

καθαρίστρια

la femme de ménage

τεχνίτης στεγών

le couvreur

σερβιτόρος

le serveur

κυνηγός

le chasseur

ζωγράφος

le peintre

αρτοποιός

le boulanger

ηλεκτρολόγος

l'électricien

οικοδόμος

l'ouvrier

μηχανολόγος

l'ingénieur

κρεοπώλης

le boucher

υδραυλικός

le plombier

ταχυδρόμος

le facteur

στρατιώτης

le soldat

αρχιτέκτονας

l'architecte

ταμίας

le caissier

ανθοπώλης

le fleuriste

κομμωτής

le coiffeur

ελεγκτής εισιτηρίων

le contrôleur

μηχανικός

le mécanicien

καπετάνιος

le capitaine

οδοντίατρος

le dentiste

επιστήμονας

le scientifique

ραβίνος

le rabbin

ιμάμης

l'imam

μοναχός

le moine

ιερέας

le prêtre

σφυρί
le marteau

πένσα
les pinces

κατσαβίδι
le tournevis

Γαλλικό κλειδί
la clé

φακός
la torche

εκσκαφέας

la pelleteuse

εργαλειοθήκη

la boîte à outils

σκάλα

l'échelle

πριόνι

la scie

καρφιά

les clous

τρυπάνι

la perceuse

επισκευάζω

réparer

φτυάρι

la pelle

Να πάρει!

Mince !

φαράσι

la pelle

δοχείο χρωμάτων

le pot de peinture

βίδες

les vis

μουσικά όργανα

les instruments de musique

ντραμς
la batterie

μεγάφωνο
le haut-parleurs

κιθάρα
la guitare

κοντραμπάσο
la contrebasse

τρομπέτα
la trompette

πιάνο

le piano

βιολί

le violon

μπάσο

la basse

τύμπανα

les timbales

τύμπανο

le tambour

πλήκτρα

le piano électrique

σαξόφωνο

le saxophone

φλάουτο

la flûte

μικρόφωνο

le microphone

είσοδος
l'entrée

τίγρης
le tigre

κλουβί
la cage

ζέβρα
le zèbre

ζωοτροφή
l'alimentation animale

πάντα
le panda

ζώα

les animaux

ελέφαντας

l'éléphant

καγκουρό

le kangourou

ρινόκερος

le rhinocéros

γορίλας

le gorille

αρκούδα

l'ours

καμήλα

le chameau

στρουθοκάμηλος

l'autruche

λιοντάρι

le lion

πίθηκος

le singe

φλαμίνγκο

le flamand rose

παπαγάλος

le perroquet

πολική αρκούδα

l'ours polaire

πιγκουίνος

le pingouin

καρχαρίας

le requin

παγώνι

le paon

φίδι

le serpent

κροκόδειλος

le crocodile

φύλακας ζωολογικού κήπου

le gardien de zoo

φώκια

le phoque

τζάγκουαρ

le jaguar

πόνυ
le poney

λεοπάρδαλη
le léopard

ιπποπόταμος
l'hippopotame

καμηλοπάρδαλη
la girafe

αετός
l'aigle

αγριογούρουνο
le sanglier

ψάρι
le poisson

χελώνα
la tortue

θαλάσσιος ίππος
le morse

αλεπού
le renard

γαζέλα
la gazelle

Αμερικάνικο ποδόσφαιρο
l'american Football

ποδηλασία
le cyclisme

αντισφαίριση
le tennis

μπάσκετ
le basket-ball

κολύμβηση
la natation

πυγχαμία
la boxe

χόκεϋ επί πάγου
le hockey sur glace

ποδόσφαιρο
le football

μπάντμιντον
le badminton

στίβος
l'athlétisme

χάντμπολ
le handball

σκι
le ski

πόλο
le polo

γελάω
rire

πηδάω
sauter

αγκαλιάζω
embrasser

τραγουδάω
chanter

περπατάω
marcher

προσεύχομαι
prier

φιλάω
faire la bise

ονειρεύομαι
rêver

γράφω
écrire

σχεδιάζω
dessiner

δείχνω
montrer

πιέζω
pousser

δίνω
donner

παίρνω
prendre

έχω

avoir

κάνω

faire

είμαι

être

στέκομαι

être debout

τρέχω

courir

τραβάω

trier

ρίχνω

jeter

πέφτω

tomber

ξαπλώνω

être couché

περιμένω

attendre

κουβαλώ

porter

κάθομαι

être assis

φοράω

s'habiller

κοιμάμαι

dormir

ξυπνάω

se réveiller

κοιτάω

regarder

κλαίω

pleurer

χαϊδεύω

caresser

χτενίζω

peigner

μιλάω

parler

καταλαβαίνω

comprendre

ρωτάω

demander

ακούω

écouter

πίνω

boire

τρώω

manger

συγυρίζω

ranger

αγαπάω

aimer

μαγειρεύω

cuire

οδηγώ

conduire

πετάω

voler

κάνω ιστιοπλοΐα

faire de la voile

υπολογίζω

calculer

διαβάζω

lire

μαθαίνω

apprendre

δουλεύω

travailler

παντρεύομαι

se marier

ράβω

coudre

βουρτσίζω τα δόντια

brosser les dents

σκοτώνω

tuer

καπνίζω

fumer

στέλνω

envoyer

γιαγιά
la grand-mère

παππούς
le grand-père

πατέρας
le père

μητέρα
la mère

μωρό
le bébé

κόρη
la fille

γιος
le fils

καλεσμένος

l'hôte

θεία

la tante

θείος

l'oncle

αδελφός

le frère

αδελφή

la sœur

μέτωπο
le front

μάτι
l'œil

ώμος
l'épaule

δάχτυλο
le doigt

πρόσωπο
le visage

πιγούνι
le menton

χέρι
la main

στήθος
la poitrine

πόδι
la jambe

βραχίονας
le bras

μωρό
le bébé

άνδρας
l'homme

γυναίκα
la femme

κορίτσι
la fille

αγόρι
le garçon

κεφάλι
la tête

πλάτη

le dos

κοιλιά

le ventre

αφαλός

le nombril

δάχτυλο ποδιού

l'orteil

φτέρνα

le talon

κόκκαλο

l'os

γοφός

la hanche

γόνατο

le genou

αγκώνας

le coude

μύτη

le nez

γλουτός

les fesses

δέρμα

la peau

μάγουλο

la joue

αυτί

l'oreille

χείλος

la lèvre

σώμα - le corps

στόμα

la bouche

δόντι

la dent

γλώσσα

la langue

εγκέφαλος

le cerveau

καρδιά

le cœur

μυς

le muscle

πνεύμονας

les poumons

συκώτι

le foie

στομάχι

l'estomac

νεφρά

les reins

σεξουαλική επαφή

le rapport sexuel

προφυλακτικό

le préservatif

ωάριο

l'ovule

σπέρμα

le sperme

εγκυμοσύνη

la grossesse

περίοδος

la menstruation

γυναικείος κόλπος

le vagin

πέος

le pénis

φρύδι

le sourcil

μαλλιά

les cheveux

λαιμός

le cou

νοσοκομείο
l'hôpital

ασθενοφόρο
l'ambulance

αναπηρικό καροτσάκι
le fauteuil roulant

κάταγμα
la fracture

γιατρός

le médecin

μονάδα εντατικής θεραπείας

le service des urgences

νοσοκόμα

l'infirmière

έκτακτη ανάγκη

l'urgence

λιπόθυμος

inconscient

πόνος

la douleur

τραύμα

la blessure

αιμορραγία

l'hémorragie

έμφραγμα

la crise cardiaque

εγκεφαλικό

l'attaque cérébrale

αλλεργία

l'allergie

βήχας

la toux

πυρετός

la fièvre

γρίπη

la grippe

διάρροια

la diarrhée

πονοκέφαλος

le mal de tête

καρκίνος

le cancer

διαβήτης

le diabète

χειρουργός

le chirurgien

νυστέρι

le scalpel

εγχείρηση

l'opération

αξονική τομογραφία

le CT

ακτινογραφία

la radiographie

υπέρηχος

l'échographie

μάσκα

le masque

ασθένεια

la maladie

αίθουσα αναμονής

la salle d'attente

πατερίτσα

la béquille

χάνσαπλαστ

le pansement

επίδεσμος

le pansement

ένεση

l'injection

στηθοσκόπιο

le stéthoscope

φορείο

le brancard

θερμόμετρο

le thermomètre

γέννηση

l'accouchement

υπέρβαρο

la surcharge pondérale

ακουστικό βαρηκοΐας

l'appareil auditif

αντισηπτικό

le désinfectant

λοίμωξη

l'infection

ιός

le virus

HIV/AIDS

le VIH / le sida

φάρμακο

le médicament

εμβολιασμός

la vaccination

δισκία

les comprimés

χάπι

la pilule

κλήση έκτακτης ανάγκης

l'appel d'urgence

πιεσόμετρο αίματος

le tensiomètre

άρρωστος / υγιής

malade / sain

Βοήθεια!

Au secours !

συναγερμός

l'alarme

βιαιοπραγία

l'assaut

επίθεση

l'attaque

κίνδυνος

le danger

έξοδος κινδύνου

la sortie de secours

Φωτιά!

Au feu!

πυροσβεστήρας

l'extincteur

ατύχημα

l'accident

κουτί πρώτων βοηθειών

la trousse de premier
secours

SOS

SOS

αστυνομία

la police

Ευρώπη

l'Europe

Βόρεια Αμερική

l'Amérique du Nord

Νότια Αμερική

l'Amérique du Sud

Αφρική

l'Afrique

Ασία

l'Asie

Αυστραλία

l'Australie

Ατλαντικός Ωκεανός

l'Océan atlantique

Ειρηνικός Ωκεανός

l'Océan pacifique

Ινδικός Ωκεανός

l'Océan indien

Ανταρκτικός Ωκεανός

l'Océan antarctique

Αρκτικός Ωκεανός

l'Océan arctique

Βόρειος Πόλος

le Pôle nord

Νότιος Πόλος
le Pôle sud

Ανταρκτική
l'Antarctique

Γη
la terre

γη
le pays

θάλασσα
la mer

νησί
l'île

έθνος
la nation

πολιτεία
l'état

καντράν ρολογιού

le cadran

ωροδείκτης

l'aiguille des heures

λεπτοδείκτης

l'aiguille des minutes

δείκτης δευτερολέπτων

l'aiguille des secondes

Τι ώρα είναι;

Quelle heure est-il ?

ημέρα

le jour

χρόνος

le temps

τώρα

maintenant

ψηφιακό ρολόι

la montre digitale

λεπτό

la minute

ώρα

l'heure

εβδομάδα
la semaine

Δευτέρα
lundi

Τετάρτη
mercredi

Παρασκευή
vendredi

Τρίτη
mardi

Σάββατο
samedi

Πέμπτη
jeudi

Κυριακή
dimanche

χθες
hier

σήμερα
aujourd'hui

αύριο
demain

πρωί
le matin

μεσημέρι
le midi

βράδυ
le soir

εργάσιμες ημέρες
les jours ouvrables

Σαββατοκύριακο
le week-end

ουράνιο τόξο
l'arc-en-ciel

βροχή
la pluie

χιόνι
la neige

άνεμος
le vent

άνοιξη
le printemps

φθινόπωρο
l'automne

καλοκαίρι
l'été

χειμώνας
l'hiver

πρόγνωση καιρού

la météo

θερμόμετρο

le thermomètre

λιακάδα

la lumière du soleil

σύννεφο

le nuage

ομίχλη

le brouillard

υγρασία

l'humidité

αστραπή

la foudre

κεραυνός

la tonnerre

καταιγίδα

la tempête

χαλάζι

la grêle

μουσώνας

la mousson

πλημμύρα

l'inondation

πάγος

la glace

Ιανουάριος

janvier

Φεβρουάριος

février

Μάρτιος

mars

Απρίλιος

avril

Μάιος

mai

Ιούνιος

juin

Ιούλιος

juillet

Αύγουστος

août

έτος - l'année

Σεπτέμβριος

septembre

Οκτώβριος

octobre

Νοέμβριος

novembre

Δεκέμβριος

décembre

κύκλος

le cercle

τετράγωνο

le carré

ορθογώνιο
παραλληλόγραμμο
le rectangle

τρίγωνο

le triangle

σφαίρα

la sphère

κύβος

le cube

άσπρο

blanc

κίτρινο

jaune

πορτοκαλί

orange

ροζ

rose

κόκκινο

rouge

μωβ

violet

μπλε

bleu

πράσινο

vert

καφέ

marron

γκρι

gris

μαύρο

noir

πολύ / λίγο

beaucoup / peu

θυμωμένος / ήρεμος

fâché / calme

όμορφος / άσχημος

joli / laid

αρχή / τέλος

le début / la fin

μεγάλος / μικρός

grand / petit

φωτεινός / σκοτεινός

clair / obscure

αδελφός / αδελφή

frère / soeur

καθαρός / λερωμένος

propre / sale

πλήρης / ατελής

complet / incomplet

ημέρα / νύχτα

le jour / la nuit

νεκρός / ζωντανός

mort / vivant

φαρδύς / στενός

large / étroit

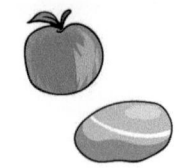

βρώσιμος / μη βρώσιμος

comestible / incomestible

κακός / ευγενικός

méchant / gentil

ενθουσιασμένος / βαριεστημένος

excité / ennuyé

παχύς / λεπτός

gros / mince

πρώτος / τελευταίος

le premier / le dernier

φίλος / εχθρός

l'ami / l'ennemi

γεμάτος / άδειος

plein / vide

σκληρός / μαλακός

dur / souple

βαρύς / ελαφρύς

lourd / léger

πείνα / δίψα

faim / soif

άρρωστος / υγιής

malade / sain

παράνομος / νόμιμος

illégal / légal

έξυπνος / χαζός

intelligent / stupide

αριστερός / δεξιός

gauche / droite

κοντινός / μακρινός

proche / loin

καινούριος /
μεταχειρισμένος
nouveau / usé

τίποτα / κάτι
rien / quelque chose

γέρος | νέος
vieux / jeune

αναμμένος / σβηστός
marche / arrêt

ανοιχτός / κλειστός
ouvert / fermé

χαμηλόφωνος /
μεγαλόφωνος
faible / fort

πλούσιος / φτωχός
riche / pauvre

σωστός / λανθασμένος
correct / incorrect

τραχύς / λείος
rugueux / lisse

λυπημένος / χαρούμενος
triste / heureux

κοντός / μακρύς
court / long

αργός / γρήγορος
lent / rapide

υγρός / στεγνός
mouillé / sec

ζεστός / δροσερός
chaud / froid

πόλεμος / ειρήνη
la guerre / la paix

0

μηδέν

zéro

1

ένα

un / une

2

δύο

deux

3

τρία

trois

4

τέσσερα

quatre

5

πέντε

cinq

6

έξι

six

7

εφτά

sept

8

οκτώ

huit

9

εννιά

neuf

10

δέκα

dix

11

έντεκα

onze

12
δώδεκα
douze

13
δεκατρία
treize

14
δεκατέσσερα
quatorze

15
δεκαπέντε
quinze

16
δεκαέξι
seize

17
δεκαεφτά
dix-sept

18
δεκαοκτώ
dix-huit

19
δεκαεννέα
dix-neuf

20
είκοσι
vingt

100
εκατό
cent

1.000
χίλια
mille

1.000.000
εκατομμύριο
le million

Αγγλικά

l'anglais

Αμερικάνικα Αγγλικά

l'anglais américain

Μανδαρίνικα Κινέζικα

le chinois mandarin

Χίντι

le hindi

Ισπανικά

l'espagnol

Γαλλικά

le français

Αραβικά

l'arabe

Ρώσικα

le russe

Πορτογαλικά

le portugais

Μπενγκάλι

le bengali

Γερμανικά

l'allemand

Ιαπωνικά

le japonais

εγώ

je

εσύ

tu

αυτός / αυτή / αυτό

il / elle / ce, c', cela

εμείς

nous

εσείς

vous

αυτοί / αυτές / αυτά

ils / elles

ποιος / ποια / ποιο;

Qui ?

τι;

Quoi ?

πώς;

Comment ?

πού;

Où ?

πότε;

Quand ?

όνομα

le nom

πίσω

derrière

μέσα

dans

μπροστά

devant

πάνω από

au-dessus

πάνω

sur

κάτω

en-dessous

δίπλα

à côté de

ανάμεσα

entre

μέρος

le lieu